Mama

maman

Papa

papa

Junge

garçon

Mädchen

fille

1 

eins

un

2

zwei

deux

3

drei

trois

4

vier

quatre

5

fünf

cinq

6

sechs

six

7

sieben

sept

8

acht

huit

9

neun

neuf

10

zehn

dix

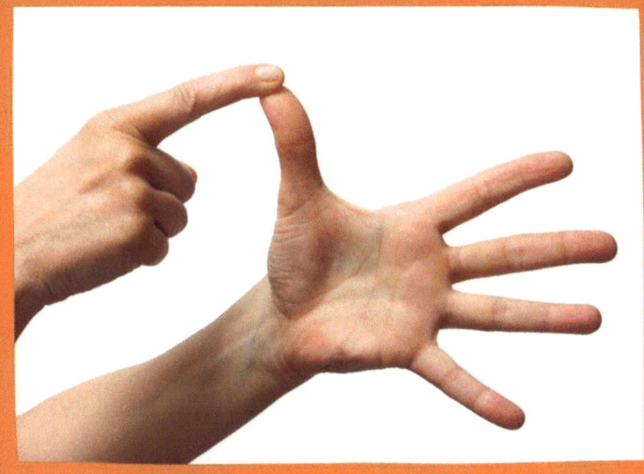

zählen

compter

schreiben

écrire

zeichnen

dessiner

malen

peindre

Kreis

rond

Quadrat

carré

Rechteck

rectangle

Dreieck

triangle

Stern

étoile

schwarz

noir

weiß

blanc

braun

marron
brun

rot

rouge

blau

bleu

gelb

jaune

grün

vert

lila

violet

grau

gris

orange

orange

rosa

rose

Apfel

pomme

Banane

banane

Ananas

ananas

Wassermelone

🇫🇷 pastèque
🇨🇦 melon d'eau

Birne

poire

Weintrauben

raisins

Mango

mangue

Pfirsich

pêche

Erdbeere

fraise

Kirsche

cerise

Orange

orange

Kokosnuss

noix de coco

Zitrone

citron

Pilz

champignon

Mais

🇫🇷 maïs
🇨🇦 blé d'inde

Tomate

tomate

Kürbis

citrouille

Gurke

concombre

Karotte

carotte

Kartoffel

🇫🇷 **pomme de terre**
🇨🇦 **patate**

Zucchini

courgette

Spinat

épinard

Blumenkohl

chou-fleur

Ei

oeuf

Teller

assiette

Löffel

cuillère

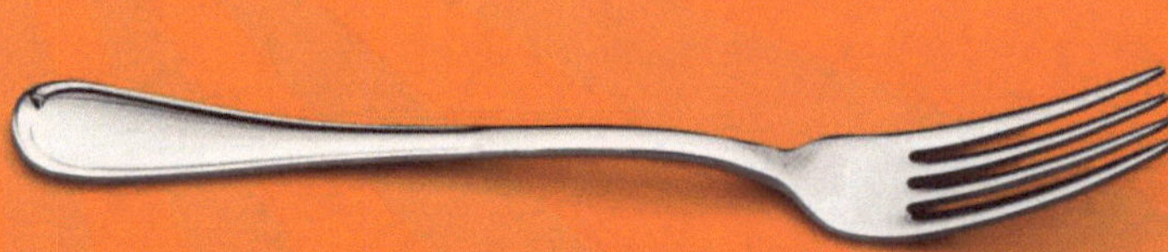

Messer

couteau

Gabel

fourchette

Kuchen

gâteau

Babyflasche

biberon

Süßigkeiten

bonbons

Käse

fromage

trinken

boire

essen

manger

heiß

chaud

kalt

froid

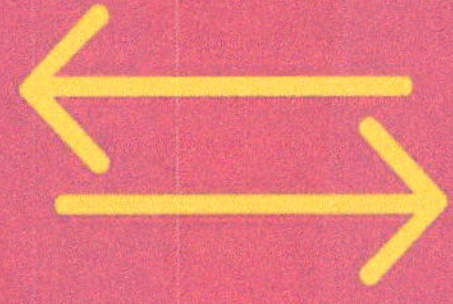

klein

petit

groß

grand

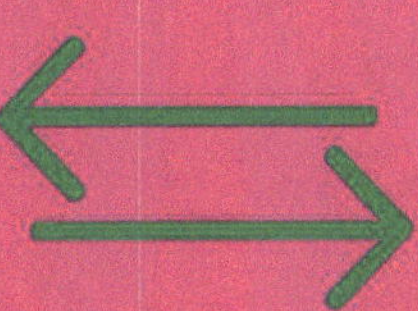

kurz

court

lang

long

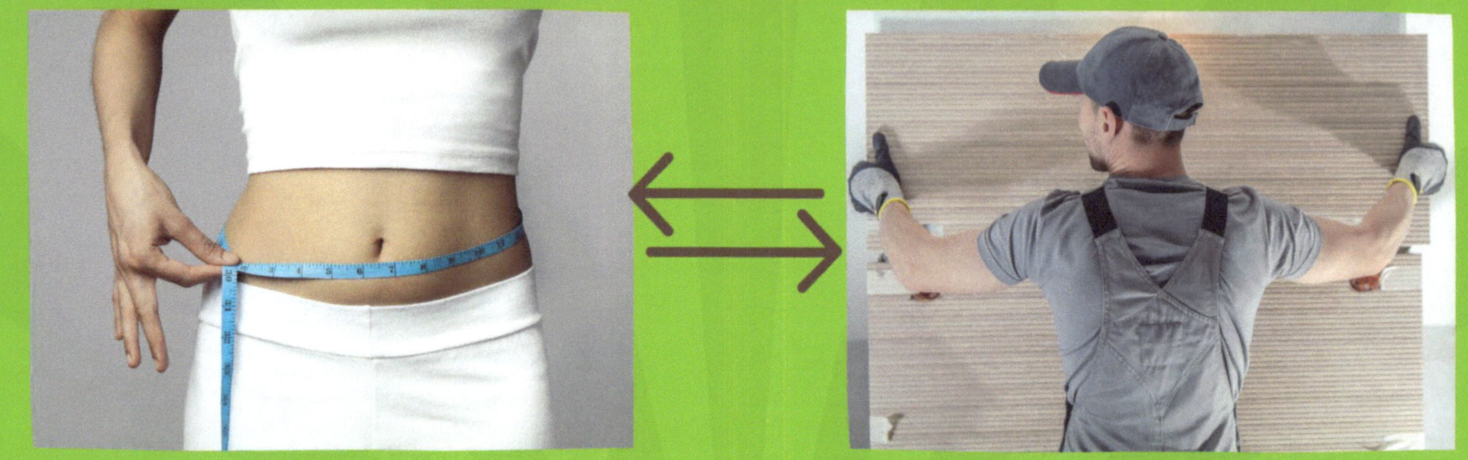

dünn

mince

groß

grand

leicht

facile

schwierig

difficile

aufstehen

debout

hinsetzen

assis

süß

sucré

salzig

salé

schwer

lourd

leicht

léger

in

dedans

aus

dehors

dreckig

sale

sauber

propre

schließen

fermé

öffnen

ouvert

Bleistifte

crayons

Uhr

horloge

Schlüssel

clé

Buch

livre

Bett

lit

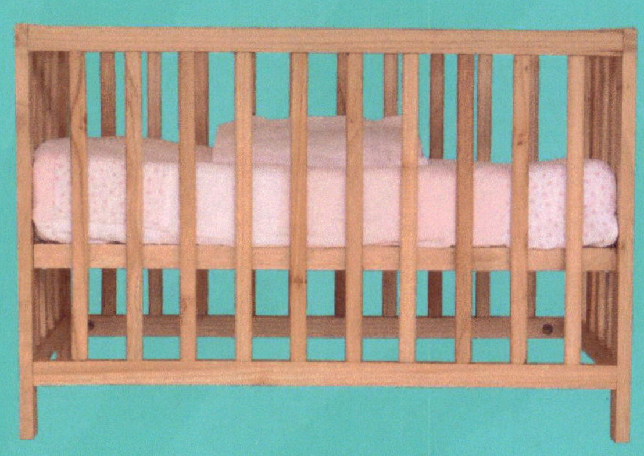

Krippe

lit bébé

Tisch

table

Stuhl

chaise

Auto

🇫🇷 **voiture**
🇨🇦 **char**

Fahrrad

🇫🇷 **vélo**
🇨🇦 **bicyclette**

Flugzeug

avion

Boot

bateau

Zug

train

Hubschrauber

hélicoptère

Feuerwehrauto

camion de pompier

Feuerwehrmann

pompier

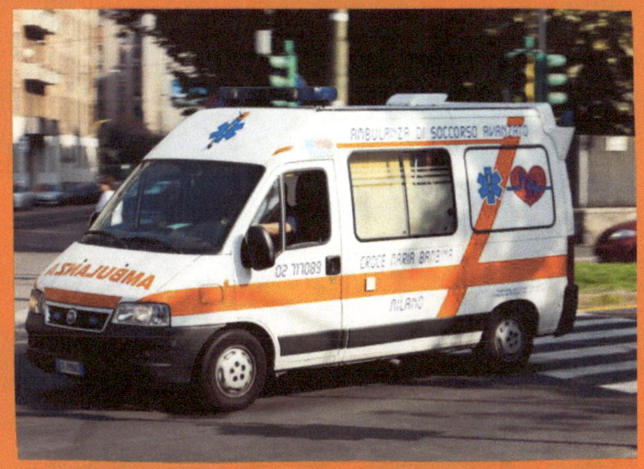

Krankenwagen

ambulance

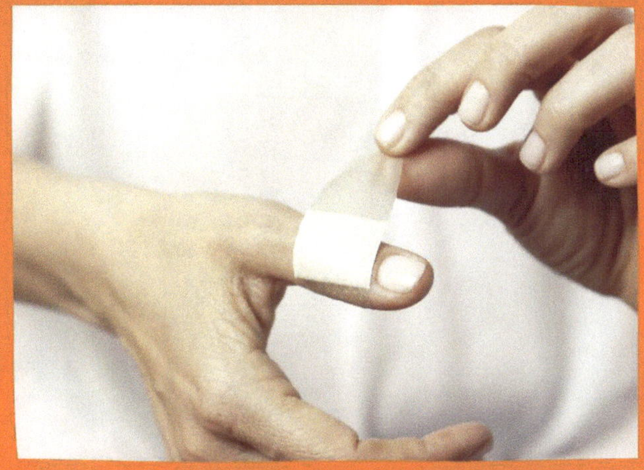

Verband

pansement

Rettungssanitäter

ambulancier

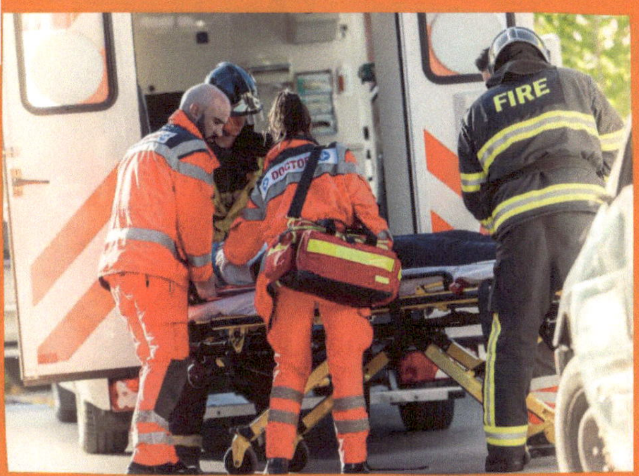

Rettungsteam

équipe de secours

Wald

forêt

Berg

montagne

Gras

herbe

Sand

sable

Baum

arbre

Blume

fleur

Schmetterling

papillon

Ameise

fourmi

Katze

chat

Hund

chien

Pferd

cheval

Maus

souris

Kuh

vache

Schwein

cochon

Schaf

mouton

Ente

canard

Gans

oie

Hase

lapin

Fisch

poisson

Tierärztin

vétérinaire

Doktor

docteur

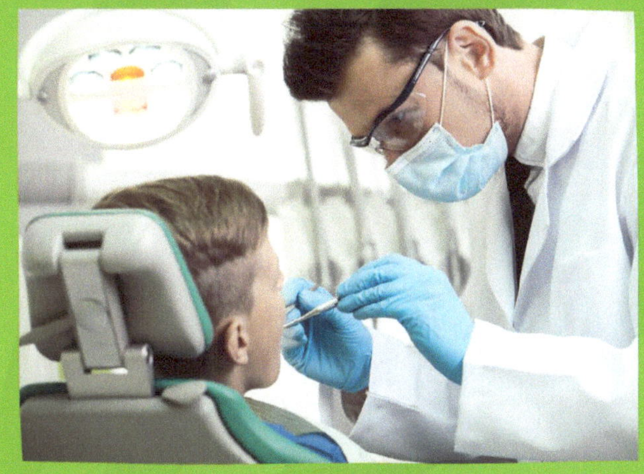

Zahnarzt

dentiste

Apotheker

pharmacien

Krankenschwester

infirmière

Kopf

tête

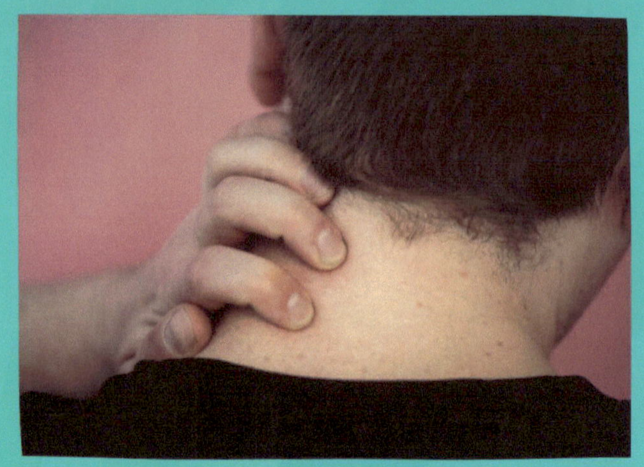

Hals

cou

Fuß

pied

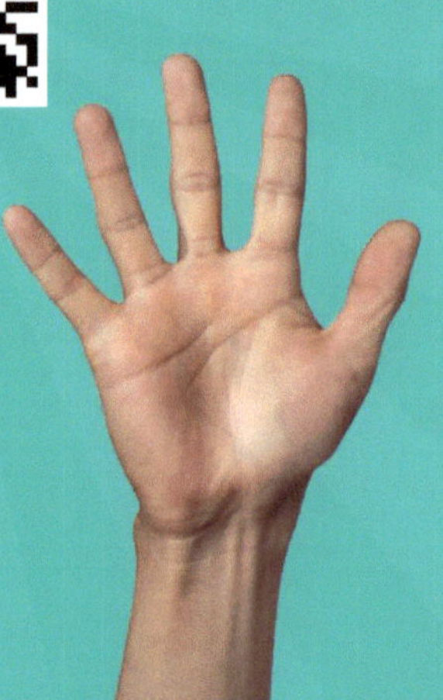

Hand

main

Zähne

dents

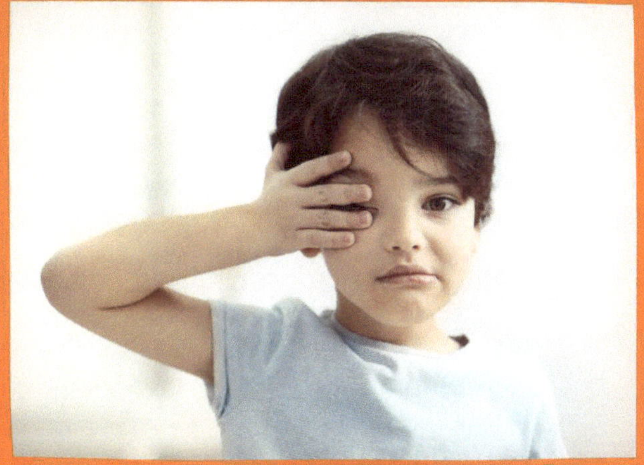

Auge

oeil

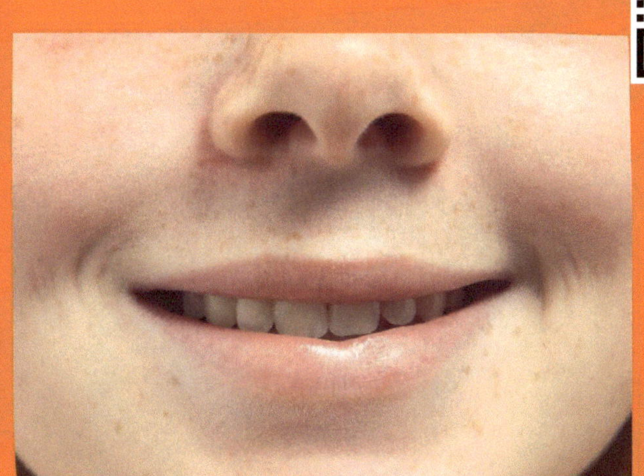

Mund

bouche

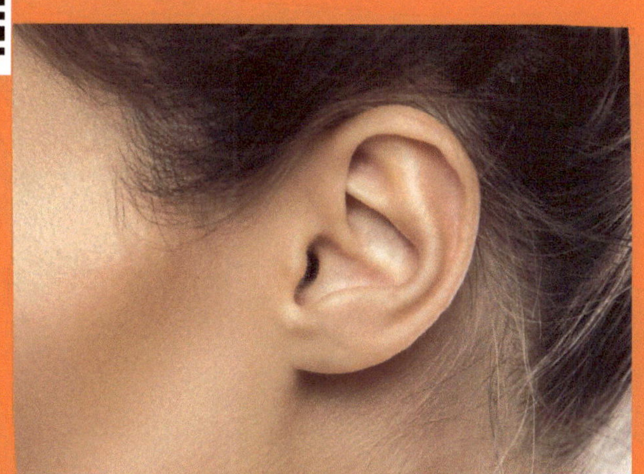

Ohr

oreille

Hut

chapeau

Hose

pantalon

Kleid

robe

Schuhe

chaussures
souliers

Mantel

manteau

Schal

Regenschirm

parapluie

Brille

lunettes

Sonne

soleil

wolkig

nuageux

regnerisch

pluvieux

Mond

lune